Kochen mit dem
SLOW COOKER

Leckere Gerichte aus aller Welt

Daniel
Wiechmann

Bibliografische Information der Deutschen Nationalbibliothek
Die Deutsche Nationalbibliothek verzeichnet diese Publikation in der Deutschen Nationalbibliografie.
Detaillierte bibliografische Daten sind im Internet über http://d-nb.de abrufbar.

Für Fragen und Anregungen:
info@rivaverlag.de

Originalausgabe
3. Auflage 2017

© 2016 by riva Verlag, ein Imprint der Münchner Verlagsgruppe GmbH
Nymphenburger Straße 86
D-80636 München
Tel.: 089 651285-0
Fax: 089 652096

Redaktion: Caroline Kazianka
Umschlaggestaltung: Laura Osswald
Umschlagabbildung: stockphoto mania/Shutterstock.com; Lisovskaya Natalia/Shutterstock.com
Satz: Satzwerk Huber, Germering
Druck: Florjancic Tisk d.o.o., Slowenien
Printed in the EU

ISBN Print 978-3-86883-969-2
ISBN E-Book (PDF) 978-3-95971-316-0
ISBN E-Book (EPUB, Mobi) 978-3-95971-317-7

Weitere Informationen zum Verlag finden Sie unter

www.rivaverlag.de

Beachten Sie auch unsere weiteren Verlage unter www.m-vg.de

Inhalt

Langsam kochen für mehr Genuss

Wer länger kocht, hat mehr vom Essen! Nämlich intensiveren und natürlichen Geschmack. In den USA gehört der Slow Cooker zur Grundausstattung jeder Küche. Mittlerweile entdecken aber auch immer mehr Menschen hierzulande die Vorteile der schonend garenden Kochtöpfe. Durch die langen Kochzeiten von sechs, acht oder gar mehr Stunden bei Temperaturen von knapp unter 100 Grad werden Braten wunderbar saftig, Currys sorgen für Geschmacksexplosionen auf der Zunge und Suppen oder Eintöpfe gelingen wie bei Oma. Die hat schließlich nicht umsonst das Essen immer stundenlang auf dem Ofen vor sich hin schmurgeln lassen. Genau das macht das Essen im Slow Cooker auch: Und das schmeckt man.

Was genau ist ein Slow Cooker?

Der Slow Cooker hat viele Namen: Crockpot, Crocky, Simmertopf oder Schongarer wird das Gerät genannt. Die Funktion ist immer die gleiche. In einem elektrischen Außengerät sitzt ein Keramik- oder Steinguttopf. Der Einsatz ist herausnehmbar, sodass er sich nach dem Kochen leicht säubern lässt. Am Außengerät befindet sich ein Schalthebel, der in der Regel vier Einstellungsmöglichkeiten bietet:

HIGH – hohe Temperatur (85–95 Grad)
LOW – niedrigere Temperatur (70–80 Grad)

AUTO – hohe Temperatur, die mit der Zeit niedriger wird
OFF – aus

Einige Geräte verfügen über eine zusätzliche Anbratfunktion, eine Warmhaltefunktion oder sind mit einer programmierbaren Timerfunktion ausgestattet. Das kann durchaus nützlich sein, ist aber kein Muss. Ein einfacher Slow Cooker, der um die 30 bis 60 Euro kostet, reicht vollkommen aus.

HIGH oder LOW?

Darüber streiten sich die Slow Cooker weltweit und gern. Puristen schwören auf die Einstellung LOW. Wer auf HIGH kocht, »hetzt« sein Essen nur wieder durch den Kochvorgang. Tatsächlich verkürzt sich die Kochzeit eines Gerichtes in der Einstellung HIGH in der Regel um etwa die Hälfte. Braucht ein Gulasch auf LOW mindestens acht Stunden, sind es auf HIGH nur vier. Meine Empfehlung: Wenn Sie die Zeit haben, kochen Sie auf LOW.

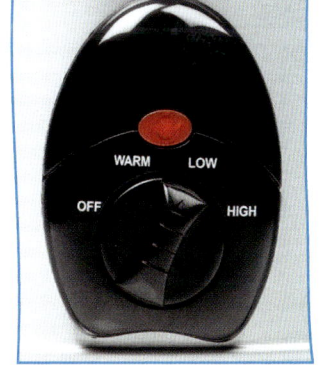

Wichtig: Eine Slow-Cooker-Norm gibt es in diesem Sinne nicht. Bei den Geräten mancher Hersteller reicht die Einstellung LOW gerade mal zum Warmhalten. Es kann aber auch passieren, dass das Essen in der Einstellung HIGH zu kochen beginnt. Ein absolutes No-Go bei einem Slow Cooker.*

---

* In der Einstellung HIGH kann es im Slow Cooker schon mal das ein oder andere Bläschen geben. Aber ständiges Blubbern darf nicht sein. Sollten Sie an einen Slow Cooker geraten sein, der Flüssigkeiten richtig zum Kochen bringt, geben Sie ihn zurück und probieren Sie ein anderes Modell aus.

Der Begriff Kochen ist im Zusammenhang mit dem Slow Cooker eigentlich nicht ganz richtig. Das Essen »kocht« im Slow Cooker nämlich nicht. Und das soll es auch nicht. Sobald im Slow Cooker etwas richtig blubbert, läuft etwas falsch. Im Slow Cooker wird geschmort, ohne die magische 100-Grad-Grenze zu erreichen. Nur so können Gewürze und Aromen ihr ganzes Potenzial entfalten. Genau darin liegt der Vorteil gegenüber den meisten Herdplatten. Die treiben die Hitze in einem Topf selbst auf der niedrigsten Temperaturstufe leider meist deutlich über 100 Grad. Niedriggaren funktioniert so nicht. Als Alternative könnte vielleicht noch der Ofen herhalten. Der aber verbraucht wesentlich mehr Strom als ein Slow Cooker.

Was kocht man mit dem Slow Cooker?

Die größte Stärke des Slow Cookers ist gleichzeitig seine größte Schwäche: Schmorgerichte gelingen nirgendwo so leicht und so gut wie in diesem Wundertopf. Das war es dann aber auch. Mehr als Schmoren kann der Slow Cooker nicht. Richtig eingesetzt reicht das aber immerhin für:

Braten

Suppen

Eintöpfe

Currys

Doch sogar das ein oder andere Dessert oder manch ein Kuchen lässt sich mit dem Slow Cooker zaubern. In der Regel ist die Slow-Cooker-Küche herzhaft und läuft am ehesten unter dem Label »Ehrliche Hausmannskost«.

Wie kocht man mit dem Slow Cooker?

Die Zubereitung von Gerichten im Slow Cooker ist denkbar einfach. Zutaten schneiden und vorbereiten, eventuell anbraten (zum Beispiel Fleisch oder Zwiebeln). Alles in den Slow Cooker geben. Das Gerät anstellen. Warten, bis alles fertig ist. Genießen. Nach diesem Grundprinzip werden 90 Prozent aller Gerichte zubereitet. Beilagen wie Reis oder Pasta werden in der Regel extra gekocht. Kartoffeln sowie Gemüse werden dagegen ohne Probleme auch im Slow Cooker gar.

Normalerweise brennt oder klebt im Slow Cooker nichts an. Man kann ihn sogar stundenlang allein oder sogar über Nacht anlassen. Die einzige Bedingung, damit das gelingt: Niemals den Deckel vergessen!

Im Slow Cooker wird immer bei geschlossenem Deckel geschmort, damit die Flüssigkeit nicht aus dem Topf entweichen kann. Wer den Deckel vergisst, steht Stunden später vor ausgetrocknetem Fleisch oder Gemüse und hat beim Putzen des Topfes ziemliche Mühe. Hält man sich dagegen an die Regeln, kann man sein Abendessen in der Früh vorbereiten, es in den Slow Cooker geben, ins Büro fahren oder mit der Familie einen Ausflug machen, abends heimkommen und sich über sein fertiges Essen hermachen. Wie praktisch!

Ebenfalls verboten: den Deckel ständig anheben, um das Essen umzurühren oder zu schauen, wie weit es ist. Jedes Mal, wenn der Deckel aufgeht, entweicht Flüssigkeit aus dem Topf. Außerdem sinkt die Temperatur, sodass sich die Garzeit verlängert. Also bitte: Hände weg vom Deckel! Auch abgeschmeckt und nachgewürzt wird erst, wenn die Kochzeit erreicht ist.

Das Gefühl für die richtige Menge an Flüssigkeit ist die größte Herausforderung beim Slow Cooking. Fleisch und Gemüse geben je nach Qualität und Art ganz unterschiedlich viel Flüssigkeit ab. Manchmal müssen Sie daher ein wenig Flüssigkeit nachgießen. Ein anderes Mal die Sauce bei offenem Deckel eine Weile lang auskochen oder mit Stärke andicken.

Wie strikt sind die Kochzeiten zu handhaben?

Gerichte im Slow Cooker kochen sehr, sehr lang. Doch das Beste ist: Es geht immer noch länger. Ein oder zwei Stunden mehr Kochzeit schaden den meisten Gerichten nicht. Im Gegenteil, sie schmecken dann sogar noch besser. Wer seinen Slow Cooker zu Hause laufen hat und unterwegs ist, braucht sich daher auch keine Sorgen machen, wenn er vielleicht später als geplant nach Hause kommt. Die Kochzeiten in diesem Buch sind Mindestkochzeiten. Lediglich bei Kuchen, die im Slow Cooker zubereitet werden, gilt es, den richtigen Garpunkt abzupassen.

Welche Größe sollte ein Slow Cooker haben?

Slow Cooker gibt es genau wie Kochtöpfe in verschiedenen Größen. Üblich sind Fassungsvermögen zwischen 1,5 und 6,5 l. Als Faustregel gilt:

+ 1,5 l – perfekt für einen Singlehaushalt oder für ein Paar ohne Kinder.
+ 3,5 l – perfekt für einen Vier-Personen-Haushalt.
+ 6,5 l – ab fünf Personen oder aber bei vier Personen inklusive Kochen auf Vorrat.

Die richtige Größe hängt also von der Haushaltsgröße und den Kochgewohnheiten ab. Wer gerne auf Vorrat kocht, wählt einen größeren Topf. Wer beim Essen auf Abwechslung Wert legt, kauft die kleinere Größe. Wie beim normalen Kochtopf gilt auch bei Slow-Cooker-Suppen: Je größer der Topf, desto besser der Geschmack. Braten gelingen im großen 6,5-l-Slow-Cooker oft ebenfalls besser, auch wenn ein kleinerer eigentlich ausreicht.

Wichtig: Die Rezeptmengen müssen an die Größe des Topfes angepasst werden. Wer einen 1,5-l-Topf hat, bringt darin die für einen 3,5-l-Topf berechnete Zutatenmenge natürlich gar nicht unter. Die Mengen der Zutaten müssen daher halbiert werden. Mit dem größtmöglichen Topf auf Nummer sicher zu gehen funktioniert leider auch nicht. Die Zutatenmenge für einen 3,5-l-Topf passt zwar durchaus in ein 6,5-l-Gerät, doch ein Slow Cooker funktioniert nur dann richtig gut, wenn er mindestens bis zur Hälfte gefüllt ist. Zu voll sollte er aber auch nicht sein. Drei Viertel gelten als Maximalbefüllung.

Bei den Rezepten finden Sie immer Nährwertangaben. Kcal steht für Kalorien, KH für Kohlenhydrate, E für Eiweiß und F für Fett.

Quer durch Europas Kochtöpfe

Rotwein-Ragout

Ergibt: 6 Portionen ✳ Zubereitung: 10–11 Std., Slow Cooker: 3,5 l
Nährwerte (pro Portion): 375 kcal, KH: 4g, E: 29g, F: 23g

Einkaufsliste:

1 Karotte
1 Stange Staudensellerie
1 rote Zwiebel
4 Knoblauchzehen
2 Zweige frischer Rosmarin
2 Zweige frischer Thymian
4 Lorbeerblätter
Salz
Pfeffer
1,5 kg Rindfleisch
2 EL Olivenöl
½ Flasche Chianti
1 Dose Tomaten (800 g)
1 TL Perlgraupen

So wird's gemacht:

1. Karotte und Sellerie waschen und würfeln. Zwiebel und Knoblauch schälen und fein hacken.

2. Rosmarin und Thymian waschen, trocken schütteln, Blätter und Nadeln abzupfen und fein hacken. Zusammen mit den Lorbeerblättern und dem vorbereiteten Gemüse in den Slow Cooker geben. Alles salzen, pfeffern und gut durchmischen.

3. Das Fleisch waschen, trocken tupfen und in mundgerechte Würfel schneiden. Olivenöl in einer Pfanne erhitzen und das Fleisch darin scharf anbraten, bis es braun wird (ca. 5–8 Min.) In den Slow Cooker geben.

4. Etwas von dem Chianti in die Pfanne geben, kurz aufkochen lassen und den Bratensatz mit einem Holzlöffel lösen. Alles zusammen mit dem restlichen Wein in den Slow Cooker geben.

5. Die Tomaten mit Saft sowie die Graupen in den Slow Cooker geben.

6. Den Deckel auflegen und Ragout 10 Std. lang auf LOW kochen. Nach 9 Std. das Fleisch kurz mit einer Gabel zerrupfen und mindestens noch 1 Std. kochen lassen.

Das Ragout schmeckt am besten mit Tagliatelle oder einfach so zu Weißbrot und Wein.

Lammkeulen mit Oliven und Kartoffeln

Ergibt: 6-8 Portionen ✳ Zubereitung: 8 Std., Slow Cooker: 6,5 l
Nährwerte (pro Portion): 589 kcal, KH: 28 g, E: 37 g, F: 33 g

Einkaufsliste:

*600 g Kartoffeln
(festkochend)
4 große Schalotten
3 Knoblauchzehen
1 EL geriebene Zitronen-
schale
3 Zweige frischer Rosmarin
Salz
200 ml Hühnerbrühe
4 EL Mehl
1,5 kg Lammkeulen
2 EL Olivenöl
125 ml Weißwein
(trocken, z. B. Pinot Grigio)
250 g schwarze Oliven
(ohne Kern)
2 EL Zitronensaft
Pfeffer*

So wird's gemacht:

1. Die Kartoffeln schälen, waschen und würfeln. Die Schalotten schälen und vierteln. Den Knoblauch schälen und fein hacken. Rosmarin waschen, trocken schütteln, Nadeln abzupfen und fein hacken. Kartoffeln, Schalotten, Knoblauch, Zitronenschale und Rosmarin in den Slow Cooker geben. Salzen.
2. In einer Schüssel Hühnerbrühe und 1 EL Mehl miteinander verrühren und in den Slow Cooker geben.
3. Die Lammkeulen salzen und im restlichen Mehl wälzen. Überschüssiges Mehl abklopfen.
4. Olivenöl in einer Pfanne erhitzen und die Lammkeulen darin einzeln von allen Seiten braun anbraten. Die Keulen in den Slow Cooker geben.
5. Den Wein in die Bratpfanne geben und auf die Hälfte einkochen. Den Bratensatz mit einem Holzlöffel vom Pfannenboden schaben. Das Wein-Bratensaft-Gemisch ebenfalls in den Slow Cooker geben.
6. Den Deckel schließen und alles 7 Std. auf LOW kochen, bis das Lamm zart ist und vom Knochen fällt. Oliven hinzugeben und 20 Min. mitkochen lassen.
7. Das Lammfleisch mit dem Gemüse auf Teller geben.
8. Das Fett aus der im Slow Cooker verbliebenen Sauce abschöpfen. Sauce mit Zitronensaft, Salz und Pfeffer abschmecken und über Fleisch und Gemüse gießen.

Gyros in Metaxasauce

Ergibt: 8 Portionen ✳ Zubereitung: 7,5 Std., Slow Cooker: 6,5 l
Nährwerte (pro Portion): 993 kcal, KH: 19 g, E: 79 g, F: 68 g

Einkaufsliste:

7–10 Zwiebeln (700 g)
5 Knoblauchzehen
2 kg Gyrosfleisch
1 l Gemüsebrühe
200 ml Metaxa
600 g Schmand
160 g Tomatenmark
2 EL Speisestärke
Salz
Pfeffer

So wird's gemacht:

1. Zwiebeln und Knoblauch schälen und in Ringe bzw. Scheiben schneiden. Zusammen mit dem Gyrosfleisch in den Slow Cooker geben. Die Gemüsebrühe angießen, den Deckel auflegen und alles 6 Std. auf LOW kochen. Zwischendurch ein-, zweimal umrühren.

2. Metaxa, Schmand, Tomatenmark sowie die Speisestärke in eine Schüssel geben. Gut verrühren. Mit Salz und Pfeffer abschmecken.

3. Die Sauce in den Slow Cooker geben, den Deckel auflegen und noch einmal 1 Std. auf HIGH kochen.

Das Gyros schmeckt mit Pide, Reis, einem Tomaten-Gurken-Salat oder als Kebab-Sandwich (siehe Foto).

Boeuf bourguignon

Ergibt: 6 Portionen ✳ Zubereitung: 8–9 Std., Slow Cooker: 3,5 l
Nährwerte (pro Portion): 530 kcal, KH: 10g, E: 41g, F: 28g

Einkaufsliste:

1 kg Rindfleisch
Salz
3 Karotten
2 Knoblauchzehen
*2 Perlzwiebeln (oder
3–4 Schalotten)*
250 g weiße Champignons
200 g Speck
*3 bis 4 Zweige frischer
Thymian*
1 Lorbeerblatt
*500 ml Rotwein
(Pinot Noir)*
2 EL Öl
1 EL Tomatenmark
250 ml Hühnerbrühe
Pfeffer

So wird's gemacht:

1. Das Fleisch waschen, trocken tupfen und in Würfel schneiden. Salzen.
2. Karotten schälen und in 1 cm große Scheiben schneiden.
3. Knoblauch und Perlzwiebeln schälen und fein hacken.
4. Pilze putzen und in Scheiben schneiden.
5. Den Speck klein schneiden und in einem Topf ohne Fett knusprig braten. In den Slow Cooker geben.
6. Im selben Topf das Rind nach und nach scharf anbraten. Die fertig gebratenen Fleischwürfel in den Slow Cooker geben. Die Thymianzweige waschen, trocken schütteln und mit dem Lorbeerblatt auf das Fleisch legen.
7. Den heißen Topf mit etwas Rotwein ablöschen. Den Bratensatz mit einem Holzschaber vom Boden des Topfes kratzen. (Tipp: Geben Sie vor dem Wein ein oder zwei Eiswürfel in den Topf. Der Bratensatz löst sich dadurch fast wie von selbst.) Die Braten-Rotwein-Sauce in den Slow Cooker geben.
8. Den Topf säubern. Das Öl darin erhitzen. Zwiebeln, Knoblauch, Karotten und Pilze anbraten. Das Tomatenmark hinzugeben und unterrühren. Das Gemüse vom Herd nehmen, sobald es anfängt, braun zu werden. In den Slow Cooker geben.

9. Den restlichen Wein und die Hühnerbrühe in den Slow Cooker gießen.

10. Den Deckel schießen und alles 8 Std. auf der Stufe LOW kochen. Mit Salz und Pfeffer abschmecken und servieren.

Ein Klassiker der französischen Küche, der so gut schmeckt, dass die Köchin nach dem Essen leicht mal einen Heiratsantrag bekommt.

Portugiesisches Rosmarinhähnchen

Ergibt: 4 Portionen ✳ Zubereitung: 10 Std., Slow Cooker: 3,5 l
Nährwerte (pro Portion): 606 kcal, KH: 25 g, E: 59 g, F: 14 g

Einkaufsliste:

4 Hähnchenkoteletts
Salz
½ TL Paprikapulver (edelsüß)
½ TL Oregano
2 EL Olivenöl
400 g Babykartoffeln
3 Knoblauchzehen
3 Zwiebeln
5 Zweige Rosmarin
Pfeffer
2 kleine Zitronen
1 Mandarine
1 EL Speisestärke
50 ml flüssiger Honig
Pfeffer

So wird's gemacht:

1. Die Koteletts mit Salz, Paprika und Oregano würzen.
2. Öl in einer Pfanne erhitzen und die Hähnchenkoteletts darin scharf anbraten (ca. 3–5 Min.).
3. Die Kartoffeln, schälen, waschen, halbieren und in den Slow Cooker geben. Salzen.
4. Knoblauch und Zwiebeln schälen und würfeln. Zwischen die Kartoffeln legen.
5. Rosmarinzweige waschen, trocken schütteln und auf die Kartoffeln legen. Die gebratenen Koteletts obenauf legen. Noch mal salzen und pfeffern.
6. Zitronen und Mandarine auspressen und vermischen.
7. Den Zitronen-Mandarinen-Saft mit der Speisestärke vermischen. Den Honig unterrühren. Mit etwas Salz abschmecken und in den Slow Cooker geben.
8. Den Deckel auflegen und alles 8–10 Std. auf LOW kochen lassen.

Statt mit Hähnchenkoteletts funktioniert das Rezept auch mit Hähnchenkeulen (2–3 pro Person).

Das perfekte Roastbeef

Ergibt: 6–8 Portionen ✳ Zubereitung: 1,5–2 Std., Slow Cooker: 3,5 l
Nährwerte (pro Portion): 420 kcal, KH: 7,5 g, E: 58 g, F: 17 g

Einkaufsliste:
1,5–2 kg Roastbeef
4 Zwiebeln
Salz
2 EL Olivenöl

So wird's gemacht:

1. Das Fleisch aus der Kühlung nehmen. Es sollte zu Beginn des Anbratens Zimmertemperatur haben.
2. Die Zwiebeln schälen und grob gewürfelt in den Slow Cooker legen.
3. Das Fleisch gut salzen.
4. Olivenöl in einer Bratpfanne erhitzen und das Fleisch darin von allen Seiten anbraten, bis es braun wird (ca. 3–4 Min. pro Seite). Das Bratenstück sollte dabei so wenig wie möglich bewegt werden.
5. Das Fleisch in den Slow Cooker legen. Ein Bratenthermometer in die Mitte des Bratens einstechen, den Deckel auflegen und auf LOW kochen, bis das Thermometer eine Kerntemperatur von 55–60 Grad anzeigt.
6. Das fertige Roastbeef 10 Min. ruhen lassen, anschneiden und servieren.

Das Geheimnis eines perfekten Roastbeefs liegt im Bratenthermometer. Nur damit gelingt wirklich jeder Braten. Ist im Inneren eine Kerntemperatur von 55–60 Grad erreicht, ist der Braten fertig. Wer ohne Bratenthermometer kocht, muss mit wechselnden Ergebnissen rechnen. Ein 2-kg-Bratenstück braucht 1,5–2 Std. im Slow Cooker.

Aus dem Bratensaft lässt sich mit Mehlbutter (Weizenmehl und Butter miteinander verknetet), Salz und Pfeffer schnell eine einfache Sauce herstellen.

La-Ratte-Kartoffeln

Ergibt: 8 Portionen ✳ Zubereitung: 6 Std., Slow Cooker: 3,5 l
Nährwerte (pro Portion): 180 kcal, KH: 29 g, E: 3 g, F: 7 g

Einkaufsliste:
4 Knoblauchzehen
1 Zitrone (Saft und Zesten)
1,5 kg La-Ratte-Kartoffeln
2 EL Butter
2 EL Olivenöl
1 EL getrockneter Oregano
1 TL Paprikapulver
(geräuchert)
Salz
6–8 Stängel frische
Petersilie
Pfeffer

Außerdem:
Backtrennspray

So wird's gemacht:
1. Den Slow Cooker mit Backtrennspray aussprühen.
2. Knoblauch schälen und fein hacken. Von der Zitrone Zesten abschälen und fein hacken. Den Saft auspressen.
3. Die Kartoffeln schälen, waschen und in mundgerechte Stücke schneiden. Zusammen mit Butter, Olivenöl, Zitronensaft, Oregano, Paprikapulver und Knoblauch in eine große Schüssel geben. Salzen. Alles gut vermischen. In den Slow Cooker geben, den Deckel auflegen und 5 Std. auf LOW kochen lassen.
4. Die Petersilie waschen, trocken schütteln und fein hacken. Mit den Zitronenzesten unter die fertigen Kartoffeln mischen. Mit Salz und Pfeffer abschmecken und servieren.

Die Kartoffeln passen hervorragend zu gegrilltem Fisch. Mit diesem Rezept lassen sich auch andere alte Kartoffelsorten zubereiten, die die normalen Speisekartoffeln im Geschmack weit übertreffen.

Erbsensuppe

Ergibt: 4 Portionen ✱ Zubereitung: 8 Std., Slow Cooker: 3,5 l
Nährwerte (pro Portion): 151 kcal, KH: 23 g, E: 11 g, F: 2 g

Einkaufsliste:

3 Karotten
2 Stangen Staudensellerie
1 Zwiebel
4 Knoblauchzehen
100 g Datteltomaten
1 Stängel frische Petersilie
500 g Erbsen, grün oder gelb (getrocknet)
1,5 l Gemüsebrühe
1 Lorbeerblatt
1 TL getrockneter Oregano
Salz
Pfeffer

So wird's gemacht:

1. Das Gemüse gegebenenfalls schälen, waschen, putzen und fein hacken. Petersilie waschen, trocken schütteln und fein hacken.
2. Erbsen in den Slow Cooker geben. Alle weiteren Zutaten hinzugeben.
3. Den Deckel auflegen und Suppe 8 Std. auf LOW kochen. Vor dem Servieren alles noch einmal gut verrühren und abschmecken.

Sauerkraut mit Kassler

Ergibt: 4–6 Portionen * Zubereitung: 8 Std., Slow Cooker: 3,5 l
Nährwerte (pro Portion): 326 kcal, KH: 8 g, E: 138 g, F: 76 g

Einkaufsliste:

2 kg Schweinelende
Salz
2 EL Meerrettich-Senf
1 Zwiebel
1 Apfel (Granny Smith)
1 Glas Sauerkraut (450 g)
400 ml Hühnerbrühe

So wird's gemacht:

1. Die Schweinelende salzen und mit dem Meerrettich-Senf einreiben.
2. Die Zwiebel schälen und fein hacken.
3. Den Apfel schälen, das Kerngehäuse entfernen und das Fruchtfleisch in sehr kleine Würfel schneiden.
4. Apfelwürfel und Zwiebelstücke in den Slow Cooker geben. Die Lende hinzugeben.
5. Das Sauerkraut mit Saft hinzugeben. Nochmals salzen. Die Hühnerbrühe angießen. Den Deckel auflegen und alles 7 Std. auf LOW kochen. Die Lende mit einer Gabel in grobe Stücke zerteilen und zusammen mit dem Sauerkraut servieren.

Königsberger Klopse

Ergibt: 4 Portionen ✳ Zubereitung: 5,5 Std., Slow Cooker: 3,5 l
Nährwerte (pro Portion): 333 kcal, KH: 7 g, E: 35 g, F: 18 g

Einkaufsliste:

1 Zwiebel
3–4 EL Kapern
600 g Kalbshack
2 Eier
30 g Sardellenpaste
6 EL Semmelbrösel
Salz
1,5 l Kalbsfond
(alternativ Gemüsebrühe)
2 EL Butter
1–2 EL Kapernessig
2 Lorbeerblätter
Pfeffer
Weißwein
1 kleine Kartoffel (alternativ 2 EL Speisestärke)
Pfeffer

So wird's gemacht:

1. Zwiebel schälen und fein hacken. 2 EL Kapern fein hacken. Beides mit Hackfleisch, Eiern, Sardellenpaste und Semmelbröseln vermischen. Salzen. Aus der fertigen Masse walnussgroße Klöße formen (ca. 15–16 Stück).

2. Kalbsfond in den Slow Cooker geben. Butter, Kapernessig, Lorbeerblätter, etwas Pfeffer und einen Schuss Weißwein hinzugeben. Die Klöße in die Flüssigkeit setzen, den Deckel auflegen und alles 4 Std. auf HIGH kochen.

3. Klöße aus dem Slow Cooker nehmen.

4. Die Kartoffel schälen und mit einer Küchenreibe zum Binden in die Sauce reiben. Nach Gusto die restlichen Kapern hinzugeben. Die Klöße in die Sauce zurückgeben und alles noch einmal mit geschlossenem Deckel 1 Std. auf LOW kochen lassen.

Klassisch werden die Könisgberger Klopse mit Salzkartoffeln und Petersilie gereicht.

Coq au vin

Ergibt: 5 Portionen ✳ Zubereitung: 8 Std., Slow Cooker: 3,5 l
Nährwerte (pro Portion): 550 kcal, KH: 10 g, E: 45 g, F: 48 g

Einkaufsliste:

1 Zwiebel
1 Schalotte
3 Knoblauchzehen
2 Karotten
*8–10 Stängel frische
Petersilie*
2 EL Olivenöl
*6 Hähnchenschenkel
(ohne Haut)*
1 EL Mehl
*500 ml Rotwein
(z. B. ein Bordeaux)*
150 g pürierte Tomaten
200 ml Wasser
1 TL getrockneter Thymian
1 Lorbeerblatt
Salz
Pfeffer
200 g Speck
250 g Champignons
1 EL Maisstärke
1 TL Tomatenmark

So wird's gemacht:

1. Zwiebel, Schalotte und Knoblauch schälen. Zwiebel und Schalotte in Ringe schneiden. Knoblauch fein hacken. Karotten putzen, schälen und in fingerdicke Stücke schneiden. Petersilie waschen, trocken schütteln und fein hacken.

2. Öl in einer Pfanne erhitzen. Die Hähnchenschenkel mit etwas Mehl bestreuen und in der Pfanne scharf anbraten (6–9 Min.). Zwiebel, Schalotte, Knoblauch und Karotte hinzugeben und 3–4 Min. mitdünsten.

3. Alles in den Slow Cooker geben. Wein, pürierte Tomaten, Wasser, Petersilie und Gewürze hinzugeben. Den Deckel auflegen und 6 Std. auf LOW kochen.

4. Speck in grobe Stücke schneiden und in der Pfanne von den Hähnchenschenkeln ausbraten. Den Speck aus der Pfanne nehmen und auf Küchenpapier abtropfen lassen.

5. Pilze putzen. Kleine Pilze können ganz bleiben, große sollte man halbieren.

6. Nach 6 Std. Speck und Pilze in den Slow Cooker geben und weitere 1–2 Std. auf LOW kochen.

7. Die Sauce des fertigen Coq au vin eventuell mit etwas Maisstärke und Tomatenmark binden. Mit Salz abschmecken und servieren.

Zum Coq au vin isst man normalerweise ein Baguette. Es schmeckt aber auch sehr gut zu Tagliatelle.

Szegediner Gulasch

Ergibt: 8–10 Portionen ✳ Zubereitung: 8,5 Std., Slow Cooker: 6,5 l
Nährwerte (pro Portion): 602 kcal, KH: 28 g, E: 63 g, F: 25 g

Einkaufsliste:

*2 kg Gulasch (gemischt
Rind und Schwein)*
Salz
6 Zwiebeln
50 g Schweineschmalz
300 g Speck
*3 EL Paprikapulver
(edelsüß)*
700 ml Gemüsebrühe
1 EL Kümmel
1 Lorbeerblatt
3 EL Tomatenmark
1 kg Sauerkraut
3 EL Mehl
500 g saure Sahne

So wird's gemacht:

1. Das Fleisch waschen, trocken tupfen, in Würfel schneiden und salzen.
2. Zwiebeln schälen und würfeln.
3. Etwas Schmalz in einer Pfanne erhitzen und das Fleisch darin portionsweise scharf anbraten. Mit jeder neuen Portion auch wieder etwas Schmalz hinzugeben.
4. Das fertige Fleisch in den Slow Cooker geben.
5. Den Speck würfeln. In derselben Pfanne den Speck scharf anbraten. Nach 3–4 Min. die Zwiebeln und das Paprikapulver hinzugeben und ca. 2 Min. mitdünsten. Alles in den Slow Cooker geben.
6. Den Bratensatz aus der Pfanne mit etwas Gemüsebrühe lösen und ebenfalls in den Slow Cooker geben.
7. Die restliche Gemüsebrühe, Kümmel, Lorbeerblatt und Tomatenmark in den Slow Cooker geben. Den Deckel auflegen und alles 6 Std. lang auf LOW kochen.
8. Sauerkraut, Mehl und saure Sahne in den Slow Cooker geben. Alles gut vermischen und 2 weitere Std. auf LOW kochen.

Zum Szegediner Gulasch passen am besten Kartoffel- oder Semmelknödel. Es schmeckt aber auch einfach so oder mit Salzkartoffeln. Zum Garnieren eignen sich frische Kräuter.

Zwiebelsuppe

Ergibt: 8 Portionen * Zubereitung: 8,5 Std., Slow Cooker: 3,5 l
Nährwerte (pro Portion): 296 kcal, KH: 34 g, E: 10 g, F: 13 g

Einkaufsliste:

4 große Zwiebeln
2 Knoblauchzehen
6 EL Butter
1 EL Zucker
120 ml Sherry
1,5 l Rinderbrühe
¼ TL getrockneter Thymian
1 Lorbeerblatt
Salz
8 Scheiben Baguette
60 g Gruyère
30 g Parmesan
Schnittlauch nach Belieben

So wird's gemacht:

1. Zwiebel und Knoblauch schälen. Zwiebel in feine Streifen schneiden. Knoblauch fein hacken.
2. Butter in einer Pfanne bei mittlerer Hitze erwärmen. Die Zwiebeln darin glasig dünsten (ca. 7–9 Min.). Zucker über die Zwiebel streuen und karamellisieren lassen. Die Zwiebeln unter ständigem Rühren braun werden lassen (ca. 10 Min.).
3. Zwiebel mit Sherry ablöschen. Den Bratensatz vom Pfannenboden abschaben. Alles zusammen in den Slow Cooker geben. Rinderbrühe angießen. Knoblauch, Thymian und Lorbeerblatt hinzugeben. Den Deckel auflegen und alles 8 Std. auf LOW kochen lassen. Die fertige Zwiebelsuppe mit Salz abschmecken.
4. Brotscheiben im auf 200 °C vorgeheizten Ofen von beiden Seiten toasten.
5. Käse reiben und vermischen. Auf die Brotscheiben geben und überbacken.

6. Suppe in Suppenschüsseln füllen. Je ein Käsebrot hinzugeben. Schnittlauch waschen, trocken schütteln, in Röllchen schneiden und über die Suppe streuen.

Ossobuco

Ergibt: 4 Portionen ✳ Zubereitung: 8 Std., Slow Cooker: 6,5 l
Nährwerte (pro Portion): 200 kcal, KH: 22 g, E: 4 g, F: 7 g

Einkaufsliste:
1 rote Zwiebel
1 Knoblauchzehe
1 Karotte
1 Stange Staudensellerie
6–8 Stängel frische Petersilie
4 Scheiben Kalbshaxe
Salz
50 g Mehl
2 EL Butter
200 ml trockener Weißwein
1 Dose Tomaten (400 g)
200 ml Hühnerbrühe
5 Zweige frischer Thymian
evtl. etwas Stärke
Pfeffer

So wird's gemacht:

1. Zwiebel und Knoblauch schälen und fein hacken. Karotte und Sellerie putzen, waschen und in Scheiben schneiden. Petersilie waschen, trocken schütteln und fein hacken.

2. Die Haxen waschen, trocken tupfen, salzen und in Mehl wälzen.

3. Butter in einer Pfanne erhitzen. Die Kalbshaxen darin von allen Seiten scharf anbraten (ca. 10–15 Min.). In den Slow Cooker geben.

4. Den Bratensatz mit Weißwein ablöschen, mit einem Holzlöffel abkratzen und alles zusammen in den Slow Cooker geben.

5. Tomaten mit Saft, Hühnerbrühe, Zwiebel, Knoblauch, Karotte und Sellerie in den Slow Cooker geben. Gut verrühren. Thymianzweige hinzugeben. Den Deckel auflegen und alles 7 Std. auf LOW kochen.

6. Die fertig geschmorten Haxen warm stellen. Die Sauce in einen Topf füllen und bei mittlerer Hitze etwas einkochen. Eventuell etwas Stärke in die Sauce geben, so bindet sie schneller. Mit Salz und Pfeffer abschmecken.

7. Die Sauce über die Haxen geben. Mit Petersilie bestreuen und servieren.

Zuppa Toscana

Ergibt: 6 Portionen ✳ Zubereitung: 6,5 Std., Slow Cooker: 3,5 l
Nährwerte (pro Portion): 414 kcal, KH: 11 g, E: 16 g, F: 25 g

Einkaufsliste:
3 Zwiebeln
3 Knoblauchzehen
500 g Grünkohl
2 große Kartoffeln
(vorwiegend festkochend)
500 g Salsiccia
etwas Mehl
1 EL Olivenöl
1 l Hühnerbrühe
100 g Crème double
Salz
Pfeffer

So wird's gemacht:

1. Zwiebeln und Knoblauch schälen und fein hacken.
2. Den Grünkohl gründlich waschen, abtropfen lassen und in mundgerechte Stücke schneiden.
3. Die Kartoffeln schälen, waschen und in mundgerechte Stücke schneiden.
4. Die Salsiccia aus der Pelle pressen, kleine Bällchen formen. Die Bällchen kurz in Mehl rollen.
5. Olivenöl in einer Pfanne erhitzen und die Bällchen darin kurz anbraten. In den Slow Cooker geben.
6. Kartoffeln, Grünkohl, Zwiebel und Knoblauch hinzugeben. Die Hühnerbrühe angießen. Den Deckel auflegen und alles 5 Std. lang auf LOW kochen.
7. Die Crème double unterrühren und das Ganze 1 weitere Std. auf LOW kochen. Mit Salz und Pfeffer abschmecken und servieren.

Italienische Linsensuppe

Ergibt: 4 Portionen ✳ Zubereitung: 8,5 Std., Slow Cooker: 3,5 l
Nährwerte (pro Portion): 326 kcal, KH: 37 g, E: 23 g, F: 9 g

Einkaufsliste:

2 Knoblauchzehen
2 Karotten
100 g Lauch
100 g Knollensellerie
100 g Katenschinken (alternativ Räucherschinken)
1 EL Olivenöl
200 g Pardina-Linsen
1,5 l Hühnerbrühe
2 Lorbeerblätter
1 EL Balsamico-Essig
½ TL getrockneter Oregano
1 Prise Zucker
1 EL Tomatenmark
1 EL Butter
Salz
Pfeffer

So wird's gemacht:

1. Knoblauch schälen und fein hacken.
2. Karotten, Lauch und Sellerie waschen, putzen und in kleine Würfel bzw. Streifen schneiden.
3. Den Schinken würfeln und in einer Pfanne mit Öl knusprig braten (5 Min.). Zwiebeln und Knoblauch hinzugeben und 2 Min. mitdünsten. Alle vorbereiteten Zutaten in den Slow Cooker geben.
4. Die restlichen Zutaten ebenfalls hinzugeben. Den Deckel auflegen und alles 8 Std. auf LOW kochen.
5. Mit Salz und Pfeffer abschmecken und servieren.

Als Topping eignen sich fein gehackte Petersilie oder Balsamico nach Belieben.

Dinkelsuppe

Ergibt: 8 Portionen ✳ Zubereitung: 7 Std. + über Nacht einweichen,
Slow Cooker: 6,5 l
Nährwerte (pro Portion): 279 kcal, KH: 38 g, E: 11 g, F: 9 g

Einkaufsliste:
3 Stangen Staudensellerie
3 Karotten
1 Zwiebel
6 Knoblauchzehen
½ Kopf Weißkohl
4–6 Stängel frische Petersilie nach Belieben
2 EL Olivenöl
3 Scheiben Speck
500 g weiße Bohnen (getrocknet, über Nacht einweichen!)
250 g Dinkelkörner
2,5 l Gemüsebrühe
Salz
Pfeffer

So wird's gemacht:
1. Sellerie und Karotten waschen, putzen und in kleine Würfel schneiden. Zwiebel und Knoblauch schälen und fein hacken. Den Kohl waschen und in schmale Streifen schneiden. Petersilie waschen, trocken schütteln und fein hacken.
2. Öl in einer Pfanne erhitzen. Den Speck in Stücke schneiden und in der Pfanne knusprig anbraten.
3. Die über Nacht eingeweichten Bohnen, den Dinkel und den Kohl in den Slow Cooker geben. Die Brühe hinzugeben. Zwiebel, Knoblauch, Karotten und Sellerie ebenfalls hinzugeben. Vorsichtig umrühren. Den Deckel auflegen und 6 Std. auf LOW kochen. Die Bohnen sollten weich sein. Falls nicht, 1 weitere Std. auf LOW kochen lassen.
4. Die fertige Suppe mit Salz und Pfeffer abschmecken. In Teller füllen und nach Belieben mit Petersilie und gebratenem Speck garnieren.

Hackfleischbällchen in Tomatensauce

Ergibt: 8 Portionen ✶ Zubereitung: 5 Std., Slow Cooker: 6,5 l
Nährwerte (pro Portion): 530 kcal, KH: 23 g, E: 36 g, F: 31 g

Einkaufsliste:

2 Knoblauchzehen
4–6 Stängel frische Petersilie
300 g Salsiccia
4 Eier
100 ml Milch
1 kg Rinderhack
150 g Semmelbrösel
50 g geriebener Parmesan
Salz
Pfeffer
600 ml Marinara-Sauce

So wird's gemacht:

1. Backofen auf 200 °C vorheizen.
2. Knoblauch schälen und fein hacken. Petersilie waschen, trocken schütteln und fein hacken.
3. Die Salsiccia aus der Pelle pressen und mit Eiern, Milch, Hackfleisch, Semmelbröseln, Parmesan, Salz und Pfeffer gut vermischen. Kleine Bällchen formen und diese auf ein mit Backpapier ausgelegtes Backblech legen. Für ca. 8–10 Min. im Ofen grillen. Nach 4 Min. die Bällchen einmal wenden.
4. Die Bällchen in den Slow Cooker geben. Die Marinara-Sauce hinzugeben. Vorsichtig umrühren, den Deckel auflegen und alles 4 Std. lang auf HIGH kochen.
5. Sauce mit Salz und Pfeffer abschmecken, anrichten und mit Petersilie bestreut servieren.

Baked Beans

Ergibt: 4 Portionen ✳ Zubereitung: 11 Std., Slow Cooker: 3,5 l
Nährwerte (pro Portion): 287 kcal, KH: 36 g, E: 25 g, F: 8 g

Einkaufsliste:

250 g Wachtelbohnen
250 g weiße Bohnen
½ TL Backpulver
1 Gemüsezwiebel
1 EL Butter
250 g Speck
1 TL Puderzucker
1 Fl. Malzbier (330 ml,
z. B. Porter)
3 EL Melasse (Zuckersirup)
50 ml Ahornsirup
3 EL Balsamico-Essig
1 TL Worcestershiresauce
1 TL Knoblauchpulver
1 TL Senfpulver
350 ml Wasser
Salz
Pfeffer

So wird's gemacht:

1. Bohnen mit Backpulver in einen Topf geben. Mit Wasser bedecken. Zum Kochen bringen und bei geschlossenem Deckel 10 Min. kochen lassen. Den Herd ausstellen und die Bohnen anschließend 1 Std. einweichen lassen.
2. Die Zwiebel schälen und fein hacken.
3. Butter in einer Pfanne erhitzen. Den Speck würfeln und scharf anbraten. In den Slow Cooker geben.
4. In derselben Pfanne die Zwiebel andünsten (ca. 3–4 Min.), mit Puderzucker bestreuen und unter ständigem Rühren karamellisieren lassen. In den Slow Cooker geben.
5. Die fertig eingeweichten Bohnen durch ein Sieb abgießen und mitsamt den anderen Zutaten ebenfalls in den Slow Cooker geben. Den Deckel auflegen und 10 Std. lang auf HIGH kochen. Mit Salz und Pfeffer abschmecken und servieren.

Sollte die Sauce zu flüssig sein, den Deckel in der letzten Stunde der Kochzeit vom Slow Cooker nehmen oder die gebackenen Bohnen in einen Topf umfüllen und die Sauce einkochen.

Auf nach Afrika

Marokkanische Lamm-Tajine

Ergibt: 6 Portionen ✳ Zubereitung: 8 Std. marinieren + 6–7 Std. kochen,
Slow Cooker: 3,5 l
Nährwerte (pro Portion): 400 kcal, KH: 15 g, E: 36 g, F: 21 g

Einkaufsliste:

1 kg Lammfleisch
1 EL Olivenöl
2 Zwiebeln
3 Knoblauchzehen
5 Karotten
400 ml Rinderbrühe
1 EL frischer Ingwer
1 TL Zitronenzesten
1 EL Tomatenpaste
1 EL Honig
Salz
1 EL Maisstärke (optional)
1 EL Wasser (optional)

Für die Marinade:
2 EL Olivenöl
2 TL Paprikapulver
(rosenscharf)
¼ TL Kurkuma
1 TL gemahlener Kümmel
¼ TL Cayennepfeffer
1 TL Zimt
¼ TL Nelkenpulver
½ TL gemahlener
Kardamom
1 TL Salz
½ TL gemahlener Ingwer

etwas Safran
1 TL Knoblauchpulver
1 TL gemahlener Koriander

So wird's gemacht:

1. Das Lammfleisch waschen, trocken tupfen und in mundgerechte Stücke schneiden.

2. In einen wiederverschließbaren Gefrier- oder Plastik-beutel 2 EL Olivenöl, Paprikapulver, Kurkuma, Küm-mel, Cayennepfeffer, Zimt, Nelken, Kardamom, Salz, Ingwer, Safran, Knoblauchpulver und Koriander fül-len. Alles gut vermischen. Die Fleischstücke hinzu-geben, noch mal durchmischen und für mindestens 8 Std. (besser über Nacht) in den Kühlschrank legen.

3. 1 EL Olivenöl in einer Pfanne erhitzen. Das Lamm darin in drei bis vier Schüben scharf anbraten. In den Slow Cooker geben.

4. Zwiebeln und Knoblauch schälen. Knoblauch fein hacken. Zwiebeln in grobe Stücke hacken.Karotten schälen, putzen und würfeln. Alles in derselben Pfanne wie das Fleisch kurz anbraten (ca. 4 Min.) und dann in den Slow Cooker geben.

5. Mit etwas Rinderbrühe den Bratensatz in der Pfanne ablöschen und mit einem Holzlöffel vom Pfannenboden lösen. Zusammen mit der restlichen Brühe in den Slow Cooker geben.

6. Ingwer schälen und reiben, mit den Zitronenzesten, der Tomatenpaste und dem Honig in den Slow Cooker geben. Alles gut verrühren. Den Deckel auflegen und 6–7 Std. auf LOW kochen. Eventuell muss die Sauce mit in Wasser gelöster Maisstärke gebunden werden.

7. Mit Salz abschmecken und servieren.

Zur Lamm-Tajine passt am besten Couscous oder aber Reis.

Afrikanisches Hähnchen

Ergibt: 3–4 Portionen ✳ Zubereitung: 2,5 Std., Slow Cooker: 3,5 l
Nährwerte (pro Portion): 481 kcal, KH: 40 g, E: 41 g, F: 12 g

Einkaufsliste:

2 Knoblauchzehen
100 g Backpflaumen
1 TL frischer Ingwer
4–6 Stängel frische Petersilie
1 EL Olivenöl
50 g Rosinen
½ TL Honig
100 ml Wasser
50 g Sahne
1 Dose Tomaten in Stücken (400 g)
½ TL Zimt
¼ TL Ras el-Hanout (oder Kurkuma)
Salz
Pfeffer
Zitronenpfeffer
500 g Hähnchenbrust

So wird's gemacht:

1. Knoblauch schälen und fein hacken. Backpflaumen vierteln. Ingwer schälen und fein hacken. Petersilie waschen, trocken schütteln und fein hacken.
2. In einem mittelgroßen Topf Öl erwärmen. Den Knoblauch bei mittlerer Hitze andünsten (ca. 2–3 Min.). Die Backpflaumen, Rosinen und den Honig hinzugeben und mitdünsten (3 Min.).
3. Wasser und Sahne angießen. Tomaten, Ingwer und sämtliche Gewürze in den Topf geben. Alles gut verrühren. Aufkochen und danach ca. 8–10 Min. köcheln lassen.
4. Hähnchenbrust waschen, trocken tupfen und in Würfel schneiden (1–2 cm). Salzen und in den Slow Cooker geben.
5. Die Sauce aus dem Topf in den Slow Cooker geben. Alles gut vermischen.
6. Den Deckel auflegen und 1 Std. auf HIGH und 1 weitere Std. auf LOW kochen.
7. Mit Salz und etwas Zitronenpfeffer abschmecken. Mit fein gehackter Petersilie garnieren und servieren.

Afrikanisches Erdnusshähnchen

Ergibt: 4 Portionen ✳ Zubereitung: 5,5 Std., Slow Cooker: 3,5 l
Nährwerte (pro Portion): 203 kcal, KH: 15 g, E: 22 g, F: 7 g

Einkaufsliste:

1 Zwiebel
3 Knoblauchzehen
1 Karotte
1 Jalapeño-Paprika
400 g Hähnchenfleisch
1 EL Erdnussöl
400 ml Hühnerbrühe
1 Süßkartoffel
100 g Erdnussbutter
2 EL Tomatenpaste
Pfeffer
Salz

So wird's gemacht:

1. Zwiebeln und Knoblauch schälen. Knoblauch fein hacken. Zwiebeln in grobe Stücke hacken. Karotte schälen, putzen und würfeln. Jalapeño waschen, entkernen und in kleine Streifen schneiden.
2. Das Hähnchenfleisch waschen, trocken tupfen und würfeln. Öl in einer Pfanne erhitzen und das Fleisch darin anbraten. In den Slow Cooker geben.
3. In derselben Pfanne Zwiebel, Knoblauch, Karotte und Jalapeño anbraten (4–5 Min.). In den Slow Cooker geben.
4. Mit etwas Hühnerbrühe den Bratensatz in der Pfanne ablöschen und mit einem Holzlöffel vom Pfannenboden lösen. Zusammen mit der restlichen Brühe in den Slow Cooker geben.
5. Die Süßkartoffel schälen, waschen und würfeln. Zusammen mit der Erdnussbutter und der Tomatenpaste in den Slow Cooker geben. Etwas pfeffern. Alles gut verrühren. Deckel auflegen und 5 Std. auf LOW kochen.
6. Mit Salz abschmecken und servieren.

Zum Erdnusshähnchen passen Reis oder Brot. Zum Garnieren eignet sich etwas gehackte Petersilie.

Schätze
aus Asien

Peking-Suppe

Ergibt: 4–6 Portionen ✳ Zubereitung: 9 Std., Slow Cooker: 3,5 l
Nährwerte (pro Portion): 282 kcal, KH: 13 g, E: 36 g, F: 9 g

Einkaufsliste:

500 g Hähnchenbrust
Salz
400 g Champignons
1 Stück frischer Ingwer
(1 cm)
2 Knoblauchzehen
2 Lauchzwiebeln
800 ml Hühnerbrühe
150 g Bambussprossen
2 TL Sojasauce
1 EL Sesamöl
¼ TL Paprikaflocken
2 EL Maisstärke
3 EL Rotweinessig
1 Ei
Schnittlauch nach Belieben

So wird's gemacht:

1. Das Fleisch waschen, trocken tupfen, salzen und im Ganzen in den Slow Cooker geben.
2. Champignons putzen und in Scheiben schneiden. Ingwer schälen und in dünne Scheiben schneiden. Knoblauch schälen und fein hacken. Lauchzwiebeln waschen, putzen und in feine Ringe schneiden.
3. Alles zusammen mit Hühnerbrühe, Bambussprossen, Sojasauce, Sesamöl und Paprikaflocken in den Slow Cooker geben. Den Deckel auflegen und 7 Std. auf LOW kochen.
4. Währenddessen Maisstärke und Essig in einer Schüssel gut verrühren. Beiseitestellen.
5. Nach 7 Std. das Fleisch herausnehmen. 10 Min. ruhen lassen und anschließend mit einer Gabel zerrupfen. Zurück in den Slow Cooker geben.
6. In einer Schüssel ein Ei schaumig schlagen. Unter Rühren in den Slow Cooker geben.
7. Die Mais-Essig-Mischung ebenfalls in den Slow Cooker geben und alles 1 weitere Std. bei geschlossenem Deckel auf LOW kochen lassen.
8. Die fertige Suppe mit Salz abschmecken. Schnittlauch waschen, trocken schütteln, in feine Röllchen schneiden und die Suppe damit garnieren.

Chop Suey

Ergibt: 4 Portionen ✳ Zubereitung: 5,5 Std., Slow Cooker: 3,5 l
Nährwerte (pro Portion): 609 kcal, KH: 61 g, E: 41 g, F: 21 g

Einkaufsliste:

250 g Schweinefleisch
250 g Rindfleisch
1 EL Öl
100 g Champignons
1 Frühlingszwiebel
1 Stange Staudensellerie
1 Karotte
75 g Brokkoli
1 Dose Wasserkastanien
(540 g, abgetropft)
100 g Bohnensprossen
½ Glas Bambussprossen
(abgetropft, ca. 150 g)
125 ml Sojasauce
125 ml Hühnerbrühe
2 EL Stärke
Salz
Pfeffer

So wird's gemacht:

1. Das Fleisch waschen, trocken tupfen und in Streifen schneiden.
2. Öl in einer Pfanne erhitzen und das Fleisch darin scharf anbraten (ca. 5 Min.). In den Slow Cooker geben.
3. Champignons putzen und in Streifen schneiden. Frühlingszwiebel putzen, waschen und in Ringe schneiden. Sellerie waschen und diagonal stückeln. Karotte schälen und putzen. In schmale Längsstreifen schneiden, danach stückeln. Brokkoli waschen und in kleine Stücke schneiden.
4. Das Gemüse zusammen mit den Wasserkastanien, Bohnen- und Bambussprossen in den Slow Cooker geben. Sojasauce und Hühnerbrühe angießen, die Stärke hinzugeben und alles gut miteinander verrühren. Den Deckel auflegen und 5 Std. auf LOW kochen lassen.
5. Mit Salz und eventuell etwas Pfeffer abschmecken und servieren.

Zum Chop Suey genießt man ganz klassisch Reis.

Rippchen Asia-Style

Ergibt: 6 Portionen ✳ Zubereitung: 6,5 Std., Slow Cooker: 3,5 l
Nährwerte (pro Portion): 554 kcal, KH: 31 g, E: 51 g, F: 23 g

Einkaufsliste:

1,5 kg Rippchen
2 Knoblauchzehen
1 EL frischer Ingwer
1 Lauchzwiebel
100 ml Sojasauce
1 EL Hoisinsauce
50 ml Reisessig
100 g Zucker
150 ml Tomatensauce
60 ml Zitronensaft
3 EL Honig
Salz
evtl. etwas Stärke
Pfeffer
1–2 TL Sesamsamen

So wird's gemacht:

1. Die Rippchen in den Slow Cooker legen.
2. Knoblauch schälen und fein hacken. Ingwer schälen und reiben. Lauchzwiebel putzen, waschen und fein hacken.
3. Knoblauch, Sojasauce, Hoisinsauce, Reisessig, Zucker, Tomatensauce und Zitronensaft in einer Schüssel gut verrühren. Honig und Ingwer hinzugeben. Salzen.
4. Die Sauce über das Fleisch geben, den Deckel auflegen und alles 6 Std. auf LOW kochen.
5. Die fertig geschmorten Rippchen warm stellen. Die Sauce in einen Topf füllen und bei mittlerer Hitze einkochen. Eventuell etwas Stärke in die Sauce geben, so bindet sie schneller. Mit Salz und Pfeffer abschmecken.
6. Die Sauce über die Rippchen geben. Mit Sesam und Lauchzwiebel bestreuen.

Wer mag, kann die Rippchen vorher kurz scharf anbraten. Die Rippchen aus dem Slow Cooker können auch pur, mit der Sauce als Dip, serviert werden.

Mildes Rogan Josh

Ergibt: 3 Portionen ✳ Zubereitung: 7,5 Std., Slow Cooker: 3,5 l
Nährwerte (pro Portion): 585 kcal, KH: 15 g, E: 31 g, F: 44 g

Einkaufsliste:

1 Zwiebel
3 Knoblauchzehen
½ TL frischer Ingwer
500 g Lammfleisch
3 EL Rapsöl
3 EL Rogan-Josh-Curry-paste
400 ml Rinderbrühe
1 Dose Datteltomaten (400 g)
1 EL Mango-Chutney
200 g Naturjoghurt
Salz
Pfeffer

So wird's gemacht:

1. Zwiebel und Knoblauch schälen, beides in dünne Ringe bzw. Scheiben schneiden. Ingwer schälen und reiben.
2. Das Fleisch waschen, trocken tupfen und in mundgerechte Stücke schneiden.
3. Öl in einer Pfanne erhitzen und das Fleisch darin kurz scharf anbraten (ca. 2–3 Min.). In den Slow Cooker geben.
4. In derselben Pfanne die Zwiebeln andünsten (ca. 3–4 Min.). Den Knoblauch hinzugeben und 2 Min. mitdünsten.
5. Die Currypaste in die Pfanne geben. Gut verrühren und 2–3 Min. dünsten. Alles zum Fleisch in den Slow Cooker geben.
6. Den Bratensatz in der Pfanne mit etwas Rinderbrühe lösen und zusammen mit der restlichen Brühe in den Slow Cooker geben.
7. Tomaten (ohne Saft), Ingwer und Mango-Chutney in den Slow Cooker geben. Alles gut verrühren, den Deckel auflegen und 7 Std. auf LOW kochen. Eine Viertelstunde vor Ende der Kochzeit den Joghurt unterrühren.
8. Mit Salz und Pfeffer abschmecken und servieren.

Currys sind ein absolutes Muss beim Kochen mit dem Slow Cooker. Mehr Geschmack geht nicht.

Rogan Josh wird natürlich mit Reis gegessen. Zum Garnieren eignen sich Koriander und Chili.

Madras-Hähnchencurry

Ergibt: 6–8 Portionen ✳ Zubereitung: 5,5 Std., Slow Cooker: 6,5 l
Nährwerte (pro Portion): 513 kcal, KH: 23 g, E: 65 g, F: 16 g

Einkaufsliste:

2 Zwiebeln
8 Knoblauchzehen
2 Karotten
40 g frischer Ingwer
*frischer Koriander nach
Belieben*
1,5 kg Hähnchenbrust
3 EL Öl
4 EL Madras-Currypulver
500 ml Hühnerbrühe
2 TL gemahlener Koriander
2 TL gemahlener Kümmel
500 g TK-Erben
250 ml Kokosmilch
Salz
roter Pfeffer

So wird's gemacht:

1. Die Zwiebeln schälen, halbieren und in dünne Streifen schneiden.
2. Den Knoblauch schälen und in dünne Scheiben schneiden.
3. Die Karotten schälen, putzen und in kleine Würfel schneiden.
4. Den Ingwer schälen und in dünne Scheiben schneiden. Frischen Koriander waschen, trocken schütteln und hacken.
5. Die Hähnchenbrüste waschen, trocken tupfen und in mundgerechte Stücke schneiden.
6. Öl in einer Pfanne erhitzen und das Fleisch darin anbraten. In den Slow Cooker geben.
7. Zwiebeln und Knoblauch in derselben Pfanne kurz andünsten (ca. 3–4 Min.). Das Currypulver hinzugeben und mitdünsten (ca. 3–5 Min.). Alles In den Slow Cooker geben.
8. Den Bratensatz mit etwas Hühnerbrühe ablöschen und mit der restlichen Brühe in den Slow Cooker geben.
9. Erbsen, Ingwer, gemahlenen Koriander und Kümmel in den Slow Cooker geben. Alles gut verrühren, den Deckel auflegen und 4 Std. auf HIGH kochen lassen.

10. Die Kokosmilch unterrühren und noch einmal
1 Std. auf LOW kochen.

11. Mit Salz und rotem Pfeffer abschmecken.
Nach Belieben mit Koriander bestreuen.

*Am besten schmeckt das Hähnchencurry zusammen mit
Reis.*

Koreanischer Rindereintopf

Ergibt: 4 Portionen ✳ Zubereitung: 3 Std. marinieren + 7 Std. kochen,
Slow Cooker: 3,5 l
Nährwerte (pro Portion): 513 kcal, KH: 31 g, E: 51 g, F: 18 g

Die Einkaufsliste:
1 Zwiebel
3 Knoblauchzehen
5–6 EL frischer Ingwer
1 Lauchzwiebel
1 kg Rindsgulasch
Salz
½ Tasse Zucker
120 ml helle Sojasauce
2 EL dunkles Sesamöl
50 ml Sake (alternativ Sherry)
1 EL Öl zum Anbraten
3 rote getrocknete Chilischoten
1–2 TL Sesamsamen

So wird's gemacht:
1. Zwiebel und Knoblauch schälen und fein hacken. Ingwer schälen und reiben. Lauchzwiebel putzen, waschen und das Grün fein hacken.
2. Fleisch waschen, trocken tupfen, würfeln und salzen.
3. Alle Zutaten bis auf Öl zum Anbraten, Chili, Lauchzwiebel und Sesamsamen in einer Schüssel gut miteinander vermischen und abgedeckt 2–3 Std. marinieren lassen.
4. Fleisch aus der Marinade nehmen und in einer Pfanne mit etwas Öl anbraten, bis es braun wird (ca. 3–5 Min.).
5. Fleisch zusammen mit der Marinade in den Slow Cooker geben. Chilis hinzugeben. Wasser angießen, bis das Fleisch bedeckt ist.
6. Den Deckel auflegen und 7 Std. auf LOW garen.
7. Den fertigen Eintopf in Teller füllen. Mit Lauchzwiebelgrün und Sesam bestreut servieren.

Honig-Sesam-Hähnchen

Ergibt: 6 Portionen ✳ Zubereitung: 3,5 Std., Slow Cooker: 3,5 l
Nährwerte (pro Portion): 465 kcal, KH: 40 g, E: 42 g, F: 22 g

Einkaufsliste:

1 Zwiebel
3 Knoblauchzehen
2 Lauchzwiebeln
1 kg Hähnchenbrustfilets
200 g Honig
150 ml Sojasauce
2 EL Olivenöl
½ TL Sesamöl
50 ml Barbecue-Sauce
1 TL Paprikapaste
3 EL Maisstärke
3 EL kaltes Wasser
1–2 TL Sesamsamen

So wird's gemacht:

1. Zwiebel und Knoblauch schälen und fein hacken. Lauchzwiebeln putzen, waschen und in feine Ringe schneiden.
2. Fleisch waschen, trocken tupfen und in mundgerechte Stücke schneiden. In den Slow Cooker geben.
3. Honig, Sojasauce, Oliven- und Sesamöl sowie Barbecue-Sauce und Paprikapaste zu einer Sauce verrühren. Zusammen mit Zwiebel und Knoblauch in den Slow Cooker geben und alles gut verrühren. Den Deckel auflegen und 3 Std. auf LOW kochen.
4. Das Hähnchen aus dem Slow Cooker nehmen. Die Sauce in einen Topf füllen. Die Stärke in Waser anrühren. In die Sauce geben. Die Sauce unter ständigem Rühren aufkochen, bis sie andickt. Die Hitze reduzieren und das Hähnchen wieder mit der Sauce vermischen.
5. Mit Sesam und Lauchzwiebelringen garnieren und servieren.

Zum Honig-Sesam-Hähnchen passt am besten Reis.

Garam-Masala-Lammcurry

Ergibt: 4 Portionen ✳ Zubereitung: 9 Std., Slow Cooker: 3,5 l
Nährwerte (pro Portion): 774 kcal, KH: 41 g, E: 23 g, F: 55 g

Einkaufsliste:

3 frische grüne Chilis
*1 Stück frischer Ingwer
(2–3 cm)*
4 Knoblauchzehen
3 Tomaten
3 TL frischer Koriander
6 EL Öl
1 TL Kreuzkümmelsamen
1 TL Garam Masala
4 getrocknete rote Chilis
4 EL Kokosflocken
1 kg Lammfleisch
2 Zwiebeln
½ TL Kurkuma
½ TL Safran
20 abgezogene Mandeln
250–300 g weißer Joghurt
Salz

So wird's gemacht:

1. Die frischen Chilis waschen, putzen und entkernen. Ingwer schälen und reiben. Knoblauch schälen und flach pressen. Tomaten waschen, putzen und würfeln. Koriander waschen, trocken schütteln und fein hacken.

2. Tomaten mit dem eigenen Saft, 4 EL Öl, den frischen Chilis, Kreuzkümmelsamen, Ingwer, Garam Masala, Knoblauch, den getrockneten Chilis und den Kokosflocken in einen Mixer geben. Zu einer glatten Paste verarbeiten.

3. Das Fleisch waschen, trocken tupfen und in mundgerechte Stücke schneiden.

4. Zwiebeln schälen und in feine Streifen schneiden.

5. 2 EL Öl in einer Pfanne erhitzen. Das Fleisch darin scharf in drei bis vier Schüben anbraten. In den Slow Cooker geben.

6. In derselben Pfanne die Zwiebeln andünsten. In den Slow Cooker geben. Kurkuma, Safran und Mandeln hinzugeben. Die Tomatenpaste unterrühren und alles gut verrühren. Deckel auflegen und 8 Std. auf LOW kochen.

7. Den Joghurt unterrühren und ½ Std. bei geschlossenem Deckel auf LOW kochen lassen.

8. Curry mit Salz abschmecken und mit Koriander bestreuen.

Zum Curry passt als Beilage wunderbar Reis.

Kulinarische Entdeckungen in Amerika

Ropa Vieja

Ergibt: 4 Portionen ✳ Zubereitung: 8,5 Std., Slow Cooker: 3,5 l
Nährwerte (pro Portion): 548 kcal, KH: 11 g, E: 60 g, F: 28 g

Einkaufsliste:
800 g Flank Steaks
Salz
2 TL gemahlener Kümmel
1 Zwiebel
3 Knoblauchzehen
1 grüne Paprika
2 rote Paprika
1 Stange Staudensellerie
10 grüne Oliven
(ohne Kern)
100 ml Hühnerbrühe
150 ml Tomatensauce
4 Gewürznelken
6 EL Rotweinessig
Pfeffer

So wird's gemacht:
1. Das Fleisch im Ganzen salzen und mit Kümmel würzen. In den Slow Cooker geben.
2. Die Zwiebel schälen, halbieren und in feine Streifen schneiden. Knoblauch schälen und fein hacken. Paprika waschen, putzen und in dünne Streifen schneiden. Sellerie waschen und in fingerdicke Stücke schneiden. Oliven halbieren. Alles in den Slow Cooker geben. Salzen.
3. Hühnerbrühe und Tomatensauce angießen. Die Gewürznelken ebenfalls hinzugeben. Den Deckel auflegen und 8 Std. auf LOW kochen.
4. Das Fleisch aus dem Slow Cooker nehmen. 10 Min. ruhen lassen. Anschließend mit einer Gabel zerrupfen, wieder in den Slow Cooker geben. Essig hinzugeben, alles gut verrühren und servieren.

Zum kubanischen Ropa Vieja passen Tortilla-Chips, schwarze Bohnen, Reis oder aber eine Salsa fresca.

Pulled Pork

Ergibt: 6–8 Portionen ✳ Zubereitung: 9,5 Std., Slow Cooker: 6,5 l
Nährwerte (pro Portion): 584 kcal, KH: 38 g, E: 50 g, F: 24 g

Einkaufsliste:
1 Zwiebel
1,5 kg Schweineschulter
150 ml Hühnerbrühe (oder Wasser)
500 ml Barbecue-Sauce
2 EL Senf (mittelscharf)
2 EL Honig
1 EL Sojasauce
Salz
Pfeffer
6–8 Semmeln

So wird's gemacht:

1. Die Zwiebel schälen und würfen. In den Slow Cooker legen.
2. Die Schweineschulter auf die Zwiebeln legen. Die Hühnerbrühe angießen. Den Deckel auflegen und 8 Std. auf LOW kochen.
3. Das Fleisch herausnehmen und abkühlen lassen. Mit einer Gabel zerrupfen.
4. Überschüssiges Fett aus dem Slow Cooker abschöpfen.
5. Das Pulled Pork wieder in den Slow Cooker geben. Unter ständigem Rühren Barbecue-Sauce, Senf, Honig und Sojasauce hinzugeben. Mit Salz und Pfeffer abschmecken und noch 1 Std. auf LOW kochen lassen.
6. Das fertige Pulled Pork in Semmeln füllen und genießen.

Das Pulled Pork kann man auch mit Tacos essen. Dazu passt gut Krautsalat.

Jambalaya

Ergibt: 4 Portionen ✳ Zubereitung: 8 Std., Slow Cooker: 3,5 l
Nährwerte (pro Portion): 562 kcal, KH: 13 g, E: 61 g, F: 28 g

Einkaufsliste:

1 grüne Paprika
1 rote Paprika
1 Stange Staudensellerie
1 Zwiebel
400 g Hähnchenbrustfilets
250 g Chorizo
1 Dose Tomaten (800 g)
500 ml Hühnerbrühe
1 EL Tomatenmark
2 TL getrockneter Oregano
2 TL Cajun-Gewürz
1 TL Tabasco
2 Lorbeerblätter
½ TL getrockneter Thymian
400 g geschälte Shrimps
Salz
Cayennepfeffer

So wird's gemacht:

1. Das Gemüse waschen oder schälen, putzen und würfeln.
2. Hähnchenbrust waschen, trocken tupfen und wie die Wurst in mundgerechte Stücke schneiden.
3. Das Fleisch sowie die Wurst zusammen mit dem Gemüse in den Slow Cooker geben. Die Tomaten aus der Dose mit dem Saft, die Hühnerbrühe sowie die Gewürze hinzugeben. Alles gut miteinander verrühren. Den Deckel auflegen und 7–8 Std. auf LOW kochen.
4. In der letzten halben Stunde die Shrimps hinzugeben.
5. Das fertige Jambalaya mit Salz und Cayennepfeffer abschmecken.

Der Klassiker der Cajun-Küche wird eigentlich mit Andouille, einer Räucherwurst aus Innereien, zubereitet. Die Alternative mit Chorizo macht das Gericht gefälliger. Dazu passt gut Reis; wer will, kann noch etwas gehackte Petersilie darüberstreuen.

Chili con Carne

Ergibt: 8 Portionen ✱ Zubereitung: 7–8 Std., Slow Cooker: 6,5 l
Nährwerte (pro Portion): 470 kcal, KH: 23 g, E: 36 g, F: 18 g

Einkaufsliste:

*1 Gemüsezwiebel (oder
3 normale Zwiebeln)*
1 kg Hackfleisch
3 EL Olivenöl
2 rote Paprika
2 gelbe Paprika
1 rote Pfefferschote
1 grüne Pfefferschote
3 Knoblauchzehen
3 EL Tomatenmark
*3 TL Paprikapulver
(edelsüß)*
1 TL Cayennepfeffer
2 TL brauner Zucker
*½ TL gemahlener Kreuz-
kümmel*
*1 Dose Tomaten
(geschält, 800 g)*
200 ml Gemüsebrühe
1 Dose Mais (400 g)
*1 Dose Kidneybohnen
(400 g)*
*25 g dunkle Schokolade
(70 % Kakao)*
2 EL Senf (mittelscharf)
Salz

So wird's gemacht:

1. Zwiebel schälen und würfeln. Zusammen mit dem Hackfleisch in einer Pfanne mit dem Öl scharf anbraten.
2. Paprika und Pfefferschoten waschen, putzen, entkernen und in kleine Stücke schneiden.
3. Knoblauch schälen und fein hacken.
4. Alles zusammen mit den restlichen Zutaten und Gewürzen in den Slow Cooker geben. Den Deckel auflegen und 6–7 Std. auf LOW kochen. Gerne auch länger.
5. Das fertige Chili noch einmal mit Salz abschmecken. In Teller füllen und servieren.

Chili con Carne eignet sich perfekt für den Slow Cooker. Je länger es kocht, desto besser wird es. Dazu schmecken Tortilla-Chips oder Brot. Zum Garnieren bieten sich Schmand und fein gehackter Koriander an.

Muschelsuppe

Ergibt: 8 Portionen ✳ Zubereitung: 7 Std., Slow Cooker: 6,5 l
Nährwerte (pro Portion): 396 kcal, KH: 22 g, E: 28 g, F: 21 g

Einkaufsliste:
1 Zwiebel
3–4 Kartoffeln
1 EL Öl
300 g gepökeltes Schweinefleisch (alternativ Speck)
1,5 kg große Venusmuscheln
2 Lorbeerblätter
¾ TL schwarzer Pfeffer
1 l Fischfond
350 ml Milch
350 ml Sahne
4 EL Maisstärke

So wird's gemacht:

1. Zwiebel schälen und fein hacken. Kartoffeln schälen, waschen und klein würfeln.
2. Öl in einer Pfanne erhitzen. Das Fleisch würfeln und in der Pfanne scharf anbraten (ca. 5 Min.). Zwiebeln hinzugeben und 3 Min. mitdünsten.
3. Zwiebeln, Fleisch, Muscheln, Lorbeerblätter, Pfeffer und Kartoffeln in den Slow Cooker geben. Fischfond angießen. Den Deckel auflegen und 6 Std. auf LOW kochen.
4. Milch und Sahne miteinander verrühren. Zusammen mit der Stärke in den Slow Cooker geben. Alles gut verrühren und ½ Std. auf LOW kochen lassen.

Dazu passen ein schöner Sancerre und frisches Baguette.

Schweinebraten im Speckmantel

Ergibt: 6–8 Portionen ✳ Zubereitung: 5 Std., Slow Cooker: 6,5 l
Nährwerte (pro Portion): 421 kcal, KH: 15 g, E: 38 g, F: 23 g

Einkaufsliste:
2 Zwiebeln
2 Äpfel (Granny Smith)
3 Knoblauchzehen
2 Zweige frischer Rosmarin
60 g brauner Zucker
Salz
1,5 kg Schweinelende
2 EL Olivenöl
6–8 Scheiben Speck

Für die Glasur
½ TL Orangenzesten
2 EL Dijon-Senf
1 EL mittelscharfer Senf
50 g Feigenmarmelade

So wird's gemacht:

1. Zwiebeln schälen und in Ringe schneiden. Äpfel schälen, Kerngehäuse entfernen und Fruchtfleisch in Stücke scheiden. Beides in den Slow Cooker legen.

2. Für die Glasur Orangenzesten fein hacken, mit beiden Senfsorten und der Feigenmarmelade in einer Schüssel gut vermischen. Beiseitestellen.

3. Knoblauch schälen und fein hacken. Rosmarin waschen, trocken schütteln und von einem Zweig die Nadeln abzupfen und fein hacken. In einer zweiten Schüssel Zucker, Knoblauch, gehackten Rosmarin sowie Salz vermischen.

4. Die Schweinelende mit der Zuckermischung einreiben.

5. Öl in einer Pfanne erhitzen und die Schweinlende darin scharf anbraten, bis sie braun ist (ca. 3–4 Min. pro Seite).

6. Die angebratene Schweinlende vollständig mit den Speckscheiben umwickeln. Notfalls mit einem Kochfaden zusammenbinden.

7. Die Lende in den Slow Cooker geben. Die obere Seite mit der Glasur einstreichen. Den Deckel auflegen und 4 Std. auf LOW kochen.

8. Den Schweinbraten mit dem restlichen Rosmarinzweig garnieren und zusammen mit den Äpfeln und Zwiebeln servieren.

Kuchen und
Süßes

Cheesecake

Ergibt: 8 Portionen ✳ Zubereitung: 3 Std., Slow Cooker: 3,5 l
Nährwerte (pro Portion): 527 kcal, KH: 40 g, E: 20 g, F: 30 g

Einkaufsliste:
650 g Frischkäse
2 EL Zitronensaft
170 g Zucker
3 Eier
1 TL Vanille-Extrakt
3 EL Butter
200 g Vollkornkekse

Außerdem:
Backtrennspray
eine Auflaufform, die in den
Slow Cooker passt

So wird's gemacht:

1. Frischkäse, Zitronensaft und Zucker in einer Schüssel gut miteinander verrühren.
2. 1 Ei hinzugeben und glatt einrühren. Nacheinander die restlichen 2 Eier ebenso unterrühren.
3. Vanille-Extrakt hinzufügen und gut einrühren.
4. In einem kleinen Topf die Butter schmelzen.
5. In einer Schüssel die Vollkornkekse zerkrümeln. Die zerlassene Butter einarbeiten, sodass eine halbfeste Masse entsteht.
6. Die Masse auf den Boden der Auflaufform drücken. Die Frischkäsemischung darübergeben. Die Auflaufform in den Slow Cooker stellen.
7. So viel Wasser in den Slow Cooker füllen, dass der Rand der Auflaufform bis zur Hälfte im Wasser steht.
8. Den Deckel auflegen und 2 bis 2 ½ Std. auf HIGH backen. Der Kuchen ist fertig, wenn die Mitte nicht mehr flüssig ist.
9. Den fertigen Cheesecake ½ Std. lang auskühlen lassen und dann für mindesten 1 Std. in den Kühlschrank stellen.

Brownies

Ergibt: 8–10 Portionen ✳ Zubereitung: 8 Std., Slow Cooker: 3,5 l
Nährwerte (pro Portion): 804 kcal, KH: 70 g, E: 11 g, F: 51 g

Einkaufsliste:
150 g Mehl
30 g Kakaopulver
¾ TL Backpulver
½ TL Salz
125 g Butter
*250 g Zartbitterschokolade
(70 % Kakao)*
200 g Zucker
3 Eier
1 TL Vanille-Extrakt
*200 g gehackte Pekan-
nüsse*
200 g Schokochips

Außerdem:
Aluminiumfolie
Backpapier
Backtrennspray

So wird's gemacht:

1. Aluminiumfolie ein-, zweimal zusammenfalten und die unteren Seitenränder des Slow Cookers damit auskleiden. Der Boden muss nicht bedeckt sein. Die Folie verhindert, dass die Ränder des Kuchens anbrennen.

2. Den Slow Cooker zusätzlich mit einem Blatt Backpapier vollständig – auch den Boden – auskleiden. Das Papier mit Backtrennspray besprühen.

3. In einer Schüssel Mehl, Kakao, Backpulver und Salz vermischen.

4. Butter und Zartbitterschokolade in einem Topf bei niedriger Temperatur auf dem Herd schmelzen. Zucker hinzugeben und einrühren. Eier und Vanille hinzugeben und einrühren.

5. Die Mehl-Mischung hinzugeben und alles gut vermischen. Den Topf vom Herd nehmen.

6. Die gehackten Pekannüsse und Schokochips in den Teig einrühren. Den fertigen Teig in den Slow Cooker geben, den Deckel auflegen und 3 Std. auf LOW backen. Den Deckel vom Slow Cooker nehmen und noch weitere 30 Min. auf LOW backen, bis der Kuchen oben eine Kruste bekommen hat.

7. Den Einsatz aus dem Slow Cooker nehmen und den Kuchen abkühlen lassen.

Im Slow Cooker gelingen Brownies besonders saftig.
Statt der Pekannüsse kann man auch Walnüsse
verwenden.

Apfel-Karamell-Crumble

Ergibt: 6 Portionen ✳ Zubereitung: 5 Std., Slow Cooker: 3,5 l
Nährwerte (pro Portion): 391 kcal, KH: 51 g, E: 3 g, F: 18 g

Einkaufsliste:
400 g Äpfel (sauer, z. B. Boskop)
1 EL Apfelkorn (wenn Kinder mitessen, durch Apfelsaft ersetzen)
1 Prise Zimt
100 g brauner Zucker

Für die Streusel:
100 g kalte Butter und etwas zum Einfetten
200 g Mehl
100 g Zucker
½ Päckchen Bourbon-Vanillezucker
1 Prise Salz
1 kleines Ei
50 g Haselnuss- oder Mandel-Krokant
1 EL gemahlene Mandeln

So wird's gemacht:

1. Die Butter in einem Topf schmelzen. In eine Schüssel geben. Mehl, Zucker, Vanillezucker, Salz, Ei, Krokant und Mandeln hinzugeben. Möglichst mit einem Handrührgerät mit Knethaken verrühren, bis Streusel entstehen. Wird der Teig nicht streuselig, ist die Butter noch zu warm. Die Schüssel dann kurz in die Kühlung stellen und den Teig noch mal kneten.

2. Äpfel waschen, schälen und das Kerngehäuse entfernen. Fruchtfleisch in kleine Stücke schneiden. Die Apfelstücke mit Apfelkorn, Zimt und braunem Zucker vermischen.

3. Slow Cooker mit Butter einfetten. Die Apfel-Mischung hineingeben. Die Streusel darübergeben. Den Deckel schließen und alles 4 Std. lang auf LOW backen.

4. Den fertigen Crumble 1 Std. bei geschlossenem Decke ruhen lassen.

Zum Apfel-Karamell-Crumble passt gut eine Kugel Vanilleeis. Er schmeckt aber auch so einfach toll.

Beeren-Cobbler

Ergibt: 4–6 Portionen * Zubereitung: 2,5 Std., Slow Cooker: 3,5 l
Nährwerte (pro Portion): 525 kcal, KH: 79 g, E: 3 g, F: 9 g

Einkaufsliste:
120 g Mehl
3 EL Zucker
1 TL Backpulver
¼ TL Zimt
1 Prise Salz
1 Ei
60 ml Milch
2 EL Rapsöl

Für den Beerenmix:
200 g Zucker
60 g Mehl
200 g Himbeeren
200 g Blaubeeren
½ EL Zitronensaft

So wird's gemacht:

1. 120 g Mehl, 3 EL Zucker, Backpulver, Zimt und Salz in einer großen Schüssel vermischen.
2. Ei, Milch, Rapsöl in einer kleinen Schüssel miteinander verrühren.
3. Die Ei-Milch-Mischung zur Mehl-Zucker-Mischung geben und glattrühren. In den Slow Cooker geben.
4. Für den Beerenmix 200 g Zucker, 60 g Mehl in einer Rührschüssel vermischen. Die Beeren und den Zitronensaft hinzufügen (dabei einige Blaubeeren zum Garnieren weglegen) und alles gut vermischen. In den Slow Cooker geben. Den Deckel schließen und alles 2 Std. lang auf LOW backen.
5. Cobbler mit den restlichen Beeren garnieren und servieren.

Der Beeren-Cobbler schmeckt gut mit einer Kugel Eis, mit Joghurt oder einfach so.

Crème brûlée

Ergibt: 2 Portionen ✳ Zubereitung: 2,5 Std., Slow Cooker: 6,5 l
Nährwerte (pro Portion): 402 kcal, KH: 41 g, E: 10 g, F: 20 g

Einkaufsliste:
3 Eigelb
120 ml Schlagsahne
60 g + 2 TL Zucker
¼ Vanilleschote

Außerdem:
Förmchen
(7 cm Durchmesser)
Frischhaltefolie
Wasser

So wird's gemacht:

1. Eigelbe, Sahne und 60 g Zucker gut verrühren.
2. Das Mark der Vanilleschote herauskratzen und ebenfalls gut unterrühren.
3. Die Masse in zwei Förmchen füllen und beiseitestellen.
4. Zwei Streifen Frischhaltefolie abtrennen und jeweils zu einer Schlange verdrehen. Die Enden der Schlange verknoten, sodass ein Ring entsteht.
5. Die Folienringe in den Slow Cooker legen und die Crème-brûlée-Förmchen darauf abstellen.
6. Wasser aufkochen. Das kochende Wasser vorsichtig in den Slow Cooker gießen, bis die Förmchen zu ⅓ im Wasser stehen.
7. Den Deckel auflegen und 2 bis 2,5 Stunden auf LOW kochen. Die Crème sollte dann stocken.
8. Je 1 TL Zucker auf die Crème streuen und mit einem Küchenbrenner karamellisieren. Servieren.

Vorteil der Zubereitung im Slow Cooker: Die Konsistenz der Crème brûlée ist gleichmäßiger – dadurch schmeckt das Ganze noch besser.

Was wollen Sie gern essen? – Der kleine Geschmacks-Index

Etwas, das leicht schmeckt – Frische Küche

Etwas, das mich richtig satt macht! – Herzhafte Küche

Etwas, das auf dem Teller richtig was hermacht! – Festtagsküche

Etwas, das mir richtig gut tut – Gesunde und bekömmliche Küche

* Sauerkraut mit Kassler (S. 20)
* Dinkelsuppe (S. 28)
* Peking-Suppe (S. 37)
* Chop Suey (S. 38)

Etwas, das mir bei Schietwetter Magen und Seele wärmt! – Behagliche Küche

* Coq au vin (S. 22)
* Zwiebelsuppe (S. 24)
* Italienische Linsensuppe (S. 27)
* Garam-Masala-Lammcurry (S. 46)
* Muschelsuppe (S. 52)

Etwas, das einfach immer schmeckt – Wohlfühlküche

* Rotwein-Ragout (S. 11)
* Erbsensuppe (S. 19)
* Szegediner Gulasch (S. 23)
* Baked Beans (S. 30)
* Afrikanisches Hähnchen (S. 34)
* Mildes Rogan Josh (S. 40–41)
* Madras-Hähnchencurry (S. 42–43)
* Pulled Pork (S. 49)

Etwas, das ich selten esse – Exotische Küche

* Marokkanische Lamm-Tajine (S. 32–33)
* Rippchen Asia-Style (S. 39)
* Koreanischer Rindereintopf (S. 44)
* Honig-Sesam-Hähnchen (S. 45)
* Ropa Vieja (S. 48)
* Jambalaya (S. 50)

Etwas zum Naschen – Desserts

* Cheesecake (S. 55)
* Apfel-Karamell-Crumble (S. 58)
* Beeren-Cobbler (S. 59)
* Crème brûlée (S. 60)

Bildnachweis